PASTE

al instante

KÖNEMANN

Pasteles al instante

Seguro que todos nosotros recordamos los sábados por la tarde en casa de la abuela, cuando el olor de los pasteles recién salidos del horno inundaba la cocina. Se suele pensar que para preparar un pastel se requiere demasiado tiempo y experiencia. Piénselo de nuevo. Si dispone de un cuenco, una cuchara de madera y unos cuantos ingredientes en la despensa, aquí tiene el libro que estaba esperando.

Pastel de chocolate y crema agria

Tiempo de preparación:
  15 minutos
Tiempo de cocción:
  35–40 minutos
Para un pastel en forma de corona

1 taza de azúcar extrafino
1¾ tazas de harina de fuerza
⅔ taza de cacao en polvo
1 cucharadita de bicarbonato de sosa
¼ taza de aceite vegetal
¾ taza de crema agria
⅔ taza de agua
2 huevos

1. Precaliente el horno a una temperatura moderada de 180°C. Unte un molde hondo en forma de corona, de 20 cm de diámetro, con mantequilla fundida o aceite.

2. Ponga todos los ingredientes en una batidora eléctrica. Enciéndala y apáguela a menudo hasta mezclar bien la masa y obtener una textura homogénea.
3. Vierta uniformemente la masa en el molde. Hornee de 35 a 40 minutos, o hasta que al clavar una brocheta en el centro, ésta salga limpia. Deje el pastel en el molde durante 10 minutos. Transcurrido este tiempo, vuélquelo sobre una rejilla metálica para que se enfríe. Si lo desea, cubra el pastel con la Cobertura de chocolate (vea la página 63).

Nota: Este pastel resulta delicioso como postre, acompañado de nata recién montada o helado y bayas frescas.

Pastel de chocolate y crema agria

Pan de especias y dátiles

Tiempo de preparación:
25 minutos
Tiempo de cocción:
50–60 minutos
Para un pastel rectangular

125 g de mantequilla
¾ taza de jarabe de caña
1 taza de azúcar extrafino
2 tazas de harina blanca,
   tamizada
1 cucharadita de bicarbonato
   de sosa
3 cucharaditas de jengibre
   molido
1 cucharadita de especias
   variadas
¼ cucharadita de clavos
   de especia molidos
2 huevos
1 taza de leche
1½ tazas de dátiles,
   deshuesados y picados

1. Precaliente el horno a una temperatura de 160°C. Unte un molde rectangular de 20 x 30 cm con mantequilla fundida o aceite. Forre la base y las paredes con papel parafinado.
2. Mezcle la mantequilla y el jarabe de caña en una cacerola grande. Remueva a fuego lento sin dejar que hierva hasta que se funda la mantequilla. Añada el azúcar, la harina, el bicarbonato, las especias, los huevos y la leche. Bata todos los ingredientes hasta obtener una mezcla homogénea.
3. Disponga los dátiles en la base del molde y vierta la masa encima. Hornee el pastel de 50 a 60 minutos, o hasta que al clavar una brocheta en el centro, ésta salga limpia. Déjelo reposar durante 5 minutos. Vuélquelo sobre una rejilla metálica para que se enfríe. Espolvoree el pastel con un poco de azúcar glas y sírvalo tibio o frío, según prefiera.

Pastel de limón y coco

Tiempo de preparación:
20 minutos
Tiempo de cocción:
40 minutos
Para un pastel redondo

1½ tazas de harina de fuerza
½ taza de coco rallado
1 cucharada de ralladura de
   limón
1 taza de azúcar extrafino
125 g de mantequilla, fundida
2 huevos
1 taza de leche

Cobertura de coco
1½ tazas de azúcar glas,
   tamizado
1 taza de coco rallado
½ cucharadita de ralladura
   de limón
¼ taza de zumo de limón

1. Precaliente el horno a una temperatura moderada de 180°C. Unte un molde hondo redondo, de 20 cm de diámetro, con mantequilla fundida o aceite. Forre la base y las paredes con papel parafinado.
2. Mezcle la harina, el coco, la ralladura de limón, el azúcar, la mantequilla, los huevos y la leche en un bol grande. Remueva bien todos los ingredientes con una cuchara de madera hasta obtener una mezcla homogénea.
3. Vierta la masa en el molde y hornee el pastel durante 40 minutos, o hasta que al clavar una brocheta en el centro, ésta salga limpia. Déjelo reposar durante 3 minutos. Transcurrido este tiempo, vuélquelo sobre una rejilla metálica para que se enfríe. Una vez frío, extienda la cobertura de coco sobre la superficie del pastel.
4. **Para preparar la cobertura de coco:** Mezcle el azúcar glas y el coco en un cuenco. Añada la ralladura de limón y bastante zumo para que la mezcla quede consistente pero untuosa.
La presentación del Pastel de limón y coco resultará excelente si lo decora con rodajas de limón confitado.

Pastel de limón y coco (arriba) y Pan de especias y dátiles

Corona picante de calabaza y cardamomo

Tiempo de preparación:
  20 minutos
Tiempo de cocción:
  40 minutos
Para un pastel en forma de corona

125 g de mantequilla,
  reblandecida
½ taza de azúcar moreno
2 huevos
1¼ tazas de harina de fuerza
1½ cucharaditas de cardamomo
  molido
¾ taza de calabaza, fría
  y hecha puré
2 cucharadas de jarabe de caña
½ taza de dátiles, deshuesados
  y picados

1. Precaliente el horno a una temperatura moderada de 180°C. Unte un molde hondo en forma de corona, de 20 cm de diámetro, con mantequilla fundida o aceite.
2. Ponga todos los ingredientes en un cuenco grande y bátalos con una batidora eléctrica a la velocidad mínima hasta que estén bien mezclados. Pase a la velocidad media y siga batiendo durante otros 2 minutos, o hasta que la mezcla esté homogénea y haya cambiado de color.
3. Con la ayuda de una cuchara, ponga la masa en el molde y alise la superficie con una espátula. Hornee el pastel durante 40 minutos, o hasta que al clavar una brocheta en el centro, ésta salga limpia. Déjelo reposar durante 5 minutos. Transcurrido este tiempo, vuélquelo sobre una rejilla metálica para que se enfríe. Espolvoree la corona con azúcar glas o, si lo desea, cúbrala con uno de los glaseados que aparecen más adelante en este libro (vea la página 61).

Rollos de albaricoque y coco

Tiempo de preparación:
  30 minutos
Tiempo de cocción:
  50 minutos
Para dos rollos

⅔ taza de orejones, en trozos
125 g de mantequilla,
  reblandecida
¾ taza de azúcar extrafino
2 huevos
1 taza de harina de fuerza
½ taza de harina blanca
¼ taza de coco rallado
⅓ taza de leche

1. Cubra los orejones con agua hirviendo, déjelos en remojo durante 20 minutos y, a continuación, escúrralos bien. Precaliente el horno a una temperatura moderada de 180°C. Unte dos moldes cilíndricos de 8 x 17 cm con mantequilla fundida o aceite.
2. Ponga los ingredientes restantes en un cuenco grande y bátalos con una batidora eléctrica a la velocidad mínima hasta que estén bien mezclados. Pase a la velocidad media y siga batiendo la preparación durante unos 2 minutos más, o hasta que la masa esté homogénea y haya cambiado de color. Incorpore los orejones escurridos y remueva.
3. Reparta la masa entre los dos moldes de manera uniforme. Tápelos con las tapaderas previamente untadas con mantequilla fundida o aceite y póngalos en una bandeja de horno. Hornee los rollos en posición vertical durante 50 minutos, o hasta que al clavar una brocheta en el centro, ésta salga limpia. Déjelos reposar durante 10 minutos. Transcurrido este tiempo, vuelque los rollos sobre una rejilla para que se enfríen. Sírvalos calientes o fríos, cortados en rodajas.

Sugerencia: Si lo prefiere, prepare este pastel con albaricoques o melocotones escarchados en lugar de orejones.

---

*Corona picante de calabaza y cardamomo (arriba) y
Rollos de albaricoque y coco*

Magdalenas con crema agria

Tiempo de preparación:
   25 minutos
Tiempo de cocción:
   15–20 minutos
Para 22 unidades

150 g de mantequilla
½ taza de azúcar extrafino
1 cucharadita de esencia de
   vainilla
2 huevos, poco batidos
⅔ taza de crema agria
1¼ tazas de harina de fuerza
¼ taza de harina de arroz

1. Precaliente el horno a una temperatura moderada de 180°C. Forre dos moldes hondos para magdalenas, de 12 unidades cada uno, con cápsulas de papel.
2. En un cuenco grande, bata la mantequilla y el azúcar hasta obtener una mezcla ligera y cremosa. Incorpore gradualmente la esencia de vainilla y los huevos sin dejar de batir.
3. Con una cuchara metálica grande, mezcle la crema agria y las harinas tamizadas hasta obtener una masa homogénea.
4. Con otra cuchara, reparta la masa uniformemente en las cápsulas de papel. Ponga las magdalenas en el horno y hornéelas de 15 a 20 minutos, o hasta que la parte superior esté dorada. Pinche algunas con una brocheta; si ésta sale limpia ya puede retirarlas del horno. Póngalas en una rejilla metálica para que se enfríen. Si lo desea, cúbralas con el Glaseado de cítricos (vea la página 61) y decórelas con confites.

Pan de nueces y plátano

Tiempo de preparación:
   20 minutos
Tiempo de cocción:
   1 hora
Para un pastel rectangular

125 g de mantequilla,
   reblandecida
1 taza de azúcar moreno,
   más 1 cucharada adicional
3 huevos
1½ tazas de harina de fuerza
   integral
½ taza de coco rallado, más
   2 cucharaditas adicionales
⅔ taza de plátano machacado
½ taza de leche
¼ taza de nueces de
   macadamia, tostadas,
   sin sal y picadas
½ cucharadita de especias
   variadas

1. Precaliente el horno a una temperatura moderada de 180°C. Unte un molde rectangular de 14 x 21 x 7 cm con mantequilla fundida o aceite y forre la base con papel parafinado.
2. Ponga la mantequilla, 1 taza de azúcar, los huevos, la harina, ½ taza de coco, el plátano machacado y la leche en un cuenco y bátalo bien a la velocidad mínima hasta que esté bien mezclado. Pase a la velocidad media y siga batiendo durante otros 2 minutos, o hasta que la mezcla esté homogénea y haya cambiado de color.
3. Con una cuchara, ponga la mitad de la masa en el molde. Mezcle las nueces, las especias y el azúcar y el coco restantes. Espolvoree la masa con la mitad de esta mezcla. Añada el resto de masa, alise la superficie y espolvoréela con la mezcla de nueces restante. Hornee durante 1 hora, o hasta que al clavar una brocheta en el centro, ésta salga limpia. Si durante la cocción la parte superior del pastel se dora en exceso, cúbrala ligeramente con papel de aluminio.

Nota: Para preparar esta receta utilice 2 plátanos maduros. De esta manera el pastel adquirirá un sabor más dulce y una textura más ligera.

---

*Magdalenas con crema agria (arriba) y
Pan de nueces y plátano*

Pan de salvado y fruta

Tiempo de preparación:
15 minutos +
15 minutos en remojo
Tiempo de cocción:
50 minutos
Para un pastel rectangular

*1½ tazas de frutas variadas
 (vea la nota)
½ taza de pasas
1 taza de salvado completo
 (All Bran)
½ taza de azúcar moreno
1½ tazas de leche
1½ tazas de harina de fuerza
almendras peladas enteras,
 para decorar*

1. Unte un molde rectangular
de 23 x 13 x 7 cm con un poco
de mantequilla fundida o
aceite. Forre la base con papel
parafinado. En un cuenco
grande, mezcle las frutas,
las pasas, el salvado, el azúcar
y la leche; remuévalo bien.
Deje la mezcla en remojo
durante 15 minutos como
mínimo.
2. Precaliente el horno a una
temperatura moderada de
180°C. Agregue la harina
tamizada a la mezcla y remueva
bien. Con una cuchara, ponga
la masa en el molde y alise
la superficie. Decore el pastel
con las almendras. Hornéelo
durante 50 minutos, o hasta
que al clavar una brocheta en
el centro, ésta salga limpia.
Déjelo reposar durante
5 minutos. Transcurrido

este tiempo, vuélquelo sobre
una rejilla metálica para que se
enfríe. Sírvalo solo, cortado en
rebanadas con mantequilla
o tostado.

Nota: Puede utilizar la
combinación de fruta seca que
desee hasta obtener 1½ tazas.

Pastel de limón y polenta

Tiempo de preparación:
30 minutos
Tiempo de cocción:
40 minutos
Para un pastel redondo

*250 g de mantequilla
1 taza de azúcar extrafino
¼ taza de ralladura de limón
1 cucharadita de esencia de
 vainilla
3 huevos
2 cucharadas de zumo de limón
 recién exprimido
1¼ tazas de almendras molidas
1 taza de polenta
¼ taza de harina de fuerza*

1. Precaliente el horno a una
temperatura moderada de
180°C. Unte un molde hondo
redondo, de 22 cm de
diámetro, con mantequilla
fundida o aceite. Forre la base
y las paredes con papel
parafinado. Con una batidora
eléctrica, bata la mantequilla
y el azúcar en un cuenco grande
hasta obtener una mezcla ligera

y cremosa. Agregue la ralladura
de limón y la esencia de
vainilla. Siga batiendo hasta
que los ingredientes estén
bien mezclados.
2. Incorpore los huevos de
forma gradual, batiendo cada
vez, hasta que la masa empiece
a presentar un aspecto bastante
consistente. Agregue el zumo
de limón, las almendras, la
polenta, la harina y una pizca
de sal. Remueva hasta que la
mezcla esté homogénea. Con
una cuchara, ponga la
preparación en el molde y alise
la superficie. Hornee el pastel
durante 40 minutos, o hasta
que al clavar una brocheta en
el centro, ésta salga limpia.
3. Deje reposar el pastel
durante 10 minutos antes
de desmoldarlo. Cúbralo
con el Jarabe de cítricos
(página 58) o córtelo en
porciones y sírvalo tibio,
acompañado de helado o
nata espesa.

Nota: Este pastel se conserva
hasta 3 días en un recipiente
hermético. Si lo desea, puede
calentarlo en el microondas.

---

*Pan de salvado y fruta (arriba) y
Pastel de limón y polenta*

Pan de especias y plátano

Tiempo de preparación:
20 minutos
Tiempo de cocción:
1 hora
Para un pastel cuadrado

185 g de mantequilla
⅓ taza de jarabe de caña
1 taza de azúcar moreno
2 huevos
1⅓ tazas de plátano machacado
2½ tazas de harina de fuerza
½ taza de harina blanca
1 cucharadita de bicarbonato
   de sosa
1 cucharada de jengibre molido
2 cucharaditas de especias
   variadas
¼ cucharadita de clavos de
   especia molidos
2 cucharadas de leche

1. Precaliente el horno a una
temperatura moderada de
180°C. Unte un molde hondo
cuadrado de 23 cm con aceite
o mantequilla fundida. Forre
la base y las paredes con papel
parafinado.
2. Bata la mantequilla, el jarabe
de caña y el azúcar en un
cuenco hasta obtener una
mezcla cremosa. Agregue los
huevos de forma gradual,
batiendo cada vez. Sin dejar
de batir, incorpore el plátano.
Tamice los dos tipos de harina,
el bicarbonato y las especias.
Incorpore estos ingredientes a
la mezcla en alternancia con
la leche y siga batiendo.
3. Con una cuchara, pase
la masa al molde y alise la
superficie. Hornee el pastel
durante 1 hora, o hasta que
al clavar una brocheta en el
centro, ésta salga limpia.
Déjelo reposar durante
3 minutos. Transcurrido
este tiempo, vuélquelo sobre
una rejilla metálica para que
se enfríe. Cúbralo con
el Glaseado de jengibre y limón
(página 61) y decórelo con
trozos de jengibre en conserva
o escarchado.

Pastel de manzana y canela

Tiempo de preparación:
25 minutos
Tiempo de cocción:
45 minutos
Para un pastel redondo

185 g de mantequilla,
   reblandecida
⅔ taza de azúcar extrafino
3 huevos
1 taza de harina de fuerza
½ taza de harina blanca
1 cucharadita de canela molida
⅓ taza de leche
1 manzana, pelada, sin el
   corazón y en trozos
2 cucharaditas de azúcar
2 cucharadas de mermelada
   de naranja

1. Precaliente el horno a una
temperatura moderada de
180°C. Unte un molde
hondo redondo, de 20 cm
de diámetro, con mantequilla
fundida o aceite. Forre la base
y las paredes con papel
parafinado.
2. Mezcle la mantequilla,
el azúcar, los huevos, la canela
y la leche en un cuenco. Bata
estos ingredientes durante
1 minuto con una batidora
eléctrica a la velocidad mínima.
Pase gradualmente a la
velocidad media y bata
durante otros 3 minutos,
hasta que la mezcla esté
homogénea y haya cambiado
de color.
3. Con una cuchara, ponga
la masa en el molde y alise
la superficie. Disponga
la manzana cortada en trozos
sobre la superficie y espolvoree
el pastel con azúcar. Hornéelo
durante 45 minutos, o hasta
que al clavar una brocheta en
el centro, ésta salga limpia.
Deje reposar el pastel durante
3 minutos antes de volcarlo
sobre una rejilla metálica para
que se enfríe.
4. Caliente la mermelada de
naranja en una cacerola
pequeña o en el microondas
hasta que se derrita. Úntela
sobre el pastel caliente y deje
que se enfríe antes de servir.

Pan de especias y plátano (arriba) y
Pastel de manzana y canela

Pastel de naranja y semillas de amapola

Tiempo de preparación:
  30 minutos
Tiempo de cocción:
  1 hora
Para un pastel redondo

1½ tazas de harina de fuerza
⅓ taza de almendras
  molidas
3 cucharadas de semillas
  de amapola
185 g de mantequilla
⅔ taza de azúcar
  extrafino
¼ taza de mermelada de
  naranja o albaricoque
2 ó 3 cucharaditas de
  ralladura fina de naranja
⅓ taza de zumo de naranja
3 huevos

Cobertura
100 g de mantequilla
100 g de requesón
1 taza de azúcar glas,
  tamizado
1 ó 2 cucharaditas de zumo
  de limón recién exprimido
  o esencia de vainilla

1. Precaliente el horno
a una temperatura moderada
de 180°C. Unte un molde
hondo redondo, de 20 cm
de diámetro, con mantequilla
fundida o aceite. Forre la base
y las paredes con papel
parafinado. Tamice la harina
en un cuenco grande y añada
las almendras molidas y

las semillas de amapola.
Forme un hueco en el centro.
2. En una cacerola, ponga
la mantequilla, el azúcar,
la mermelada, la ralladura
y el zumo de naranja.
Remueva a fuego lento
hasta que la mantequilla
se haya fundido y la mezcla
esté homogénea. Añada
gradualmente esta preparación
al bol que contiene la harina,
las almendras y las semillas.
Remueva con un batidor
hasta que la mezcla esté
homogénea. Agregue los
huevos y bátalo hasta mezclar
bien todos los ingredientes.
3. Vierta la masa en el molde
y hornee el pastel durante
1 hora, o hasta que al clavar
una brocheta en el centro,
ésta salga limpia. Déjelo
reposar durante 15 minutos.
Transcurrido este tiempo,
vuélquelo sobre una rejilla
metálica para que se enfríe.
4. **Para preparar la cobertura:**
Bata la mantequilla y
el requesón con una batidora
eléctrica hasta obtener una
mezcla homogénea. Añada
gradualmente el azúcar glas
y el zumo de limón o la
esencia de vainilla; bátalo
hasta que la mezcla esté
espesa y cremosa. Cuando
el pastel se haya enfriado,
cúbralo con la cobertura.
Si lo desea, decórelo con tiras
de corteza de naranja.

Nota: Este pastel también
resulta delicioso cubierto con
el Jarabe de cítricos (vea la
página 58). Vierta el sirope
frío sobre el pastel caliente.

Pan de miel, pacanas y especias

Tiempo de preparación:
  20 minutos
Tiempo de cocción:
  55 minutos
Para un pastel rectangular

1 taza de harina de fuerza
1 taza de harina integral
1 cucharadita de bicarbonato
  de sosa
½ cucharadita de canela
  molida, otra de especias
  variadas y otra de jengibre
  molido
½ taza de pacanas, en trozos
¼ taza de azúcar moreno
125 g de mantequilla,
  fundida
⅔ taza de miel
1 cucharada de ralladura
  de naranja
½ taza de zumo de naranja
  recién exprimido
1 huevo, poco batido

1. Precaliente el horno a una
temperatura de 160°C. Unte
un molde rectangular de
14 x 21 x 7 cm de diámetro
con un poco de mantequilla
fundida o aceite. Forre la
base con papel parafinado.
2. Tamice los dos tipos de
harina, el bicarbonato y
las especias en un cuenco
grande; ponga las vainas
en el cuenco. Agregue las
pacanas y el azúcar y mezcle
bien. Incorpore la mantequilla,
la miel, la ralladura y el zumo
de naranja y el huevo. Con
una cuchara de madera,

Pastel de naranja y semillas de amapola (arriba) y Pan de miel, pacanas y especias

mezcle bien los ingredientes.
3. Vierta la preparación en
el molde. Hornee el pastel
durante 55 minutos, o hasta
que al clavar una brocheta
en el centro, ésta salga limpia.

Déjelo reposar durante
3 minutos. Transcurrido este
tiempo, vuélquelo sobre una
rejilla metálica para que se
enfríe. Cúbralo con la
Crema de mantequilla

con cítricos (vea la página 60),
o sírvalo cortado en rebanadas
y untado con mantequilla.

15

Corona de naranja y pasas

Tiempo de preparación:
20 minutos
Tiempo de cocción:
35 minutos
Para un pastel en forma
de corona

1¼ tazas de harina de fuerza
1 taza de harina de fuerza
integral
¼ cucharadita de bicarbonato
de sosa
1 taza de azúcar moreno
1 taza de pasas, en trozos
1 cucharada de ralladura de
naranja
⅓ taza de zumo de naranja
recién exprimido
125 g de mantequilla, fundida
1 taza de yogur natural
2 huevos, poco batidos
azúcar glas, para decorar

1. Precaliente el horno a
una temperatura moderada
de 180°C. Unte un molde
hondo en forma de corona,
de 20 cm de diámetro, con
mantequilla fundida o aceite.
Tamice los dos tipos de harina
y el bicarbonato sobre un
cuenco grande y ponga
las vainas en el mismo.
2. Agregue el azúcar, las pasas
y la ralladura de naranja.
Mezcle bien los ingredientes.
Incorpore el zumo de naranja,
la mantequilla, el yogur natural
y los huevos. Remueva bien con
una cuchara de madera hasta
mezclar bien la preparación.
3. Con una cuchara, ponga
la masa en el molde y alise
la superficie con una espátula.
Hornee el pastel durante
35 minutos, o hasta que
al clavar una brocheta en
el centro, ésta salga limpia.
Déjelo reposar durante
3 minutos antes de volcarlo
sobre una rejilla metálica
para que se enfríe. Sírvalo
espolvoreado con azúcar glas.

Pastel de mantequilla y pacanas

Tiempo de preparación:
20 minutos
Tiempo de cocción:
1 hora
Para un pastel redondo

300 g de mantequilla
1⅓ tazas de azúcar moreno
1½ tazas de pacanas, partidas
por la mitad
2 huevos
1 cucharada de jarabe de caña
1½ tazas de harina de fuerza
½ taza de leche

1. Precaliente el horno a una
temperatura moderada de
180°C. Engrase un molde
hondo redondo, de 20 cm de
diámetro, y forre la base y las
paredes con papel parafinado.
2. Ablande 45 g de mantequilla. Póngala en un bol pequeño
con ⅓ taza de azúcar. Mézclelo
bien hasta obtener una textura
homogénea y cremosa. Vierta
esta mezcla en la base del
molde. Disponga las pacanas
cortadas por la mitad, con la
parte lisa hacia arriba, sobre
la preparación.
3. En un cuenco, mezcle
la mantequilla y el azúcar
restantes con los huevos,
el jarabe de caña, la harina
tamizada y la leche. Bata
los ingredientes con una
batidora eléctrica a la velocidad
mínima hasta mezclarlos bien.
Pase a la velocidad media
y siga batiendo hasta que
la masa esté homogénea y
haya cambiado de color.
4. Con una cuchara, ponga
la preparación en el molde
y alise la superficie con una
espátula. Hornee el pastel
durante 1 hora, o hasta que
al clavar una brocheta en el
centro, ésta salga limpia.
Déjelo reposar durante
5 minutos antes de volcarlo
sobre una fuente de servir o
una rejilla metálica para que
se enfríe. Puede servir el pastel
caliente o frío, según lo desee.

Corona de naranja y pasas (arriba) y
Pastel de mantequilla y pacanas

Pastel frío de galletas al estilo italiano

Tiempo de preparación:
15 minutos +
5 horas de refrigeración
Tiempo de cocción:
3 minutos
Para un pastel redondo

200 g de chocolate negro,
  en trozos
200 g de mantequilla
2 huevos
¾ taza de fruta seca
  (melocotones, albaricoques,
  dátiles y ciruelas pasas,
  deshuesadas y en trozos
  grandes)
¼ taza de avellanas, en trozos
  grandes
125 g de galletas dulces, en trozos
  más bien pequeños

1. Unte un molde hondo redondo, de 20 cm de diámetro, con un poco de mantequilla fundida o aceite. Forre la base y las paredes con papel parafinado.
2. Mezcle el chocolate y la mantequilla en un bol refractario pequeño. Póngalo sobre una cacerola con agua hirviendo y remueva hasta mezclar bien los dos ingredientes.
3. Déjelo enfriar un poco y, a continuación, incorpore los huevos y bátalos. Añada la fruta seca, las avellanas y los trozos de galleta y mezcle bien. Vierta la masa en el molde y alísela. Refrigere el pastel durante 5 horas, o hasta que esté consistente.
4. Sírvalo cortado en porciones pequeñas, acompañado de helado o nata espesa.

Nota: Para preparar este pastel también puede utilizar un molde desmontable redondo, con las paredes acanaladas, de 20 cm de diámetro. Úntelo bien con mantequilla fundida o aceite.

Pastel tutti-frutti

Tiempo de preparación:
20 minutos
Tiempo de cocción:
45 minutos
Para un pastel redondo

125 g de mantequilla
½ taza de azúcar extrafino
2 cucharaditas de ralladura fina
  de naranja
2 huevos
1 cucharada de zumo de naranja
  recién exprimido
¾ taza de harina de fuerza
1 taza de pan blanco fresco
  rallado
⅓ taza de ciruelas pasas,
  deshuesadas y en trozos
⅓ taza de piña escarchada,
  en trozos
½ taza de orejones
  (o albaricoques
  escarchados), en trozos
1 cucharada de piel de frutas
  variadas, en trozos

1. Precaliente el horno a una temperatura moderada de 180°C. Unte un molde hondo redondo, de 20 cm de diámetro, con mantequilla fundida o aceite. Forre la base y las paredes con papel parafinado.
2. En un bol pequeño, ponga la mantequilla, el azúcar y la ralladura; bátalo con una batidora eléctrica hasta obtener una mezcla ligera y cremosa. Agregue los huevos de forma gradual, batiendo cada vez.
3. Vierta la preparación en un cuenco grande. Agregue el zumo de naranja y la harina tamizada y remuévalo con una cuchara de madera. Incorpore el pan rallado, las ciruelas pasas, la piña, los orejones y la piel de frutas variadas. Remueva hasta mezclar todos los ingredientes y obtener una mezcla homogénea.
4. Con una cuchara, ponga la masa en el molde y alise la superficie con una espátula. Hornee el pastel durante 45 minutos, o hasta que al clavar una brocheta en el centro, ésta salga limpia. Déjelo reposar durante 10 minutos y vuélquelo sobre una rejilla metálica para que se enfríe. Cúbralo con la Crema de mantequilla con cítricos (vea la página 60) o la Cobertura de requesón con cítricos (vea la página 62) y espolvoréelo con nuez moscada.

Pastel tutti-frutti (arriba) y
Pastel frío de galletas al estilo italiano

Pastel de arándanos

Tiempo de preparación:
30 minutos
Tiempo de cocción:
55 minutos
Para un pastel redondo

½ taza de azúcar, más
   1 cucharada adicional
250 g de arándanos frescos
2 huevos
1 cucharadita de esencia de
   vainilla
125 g de mantequilla, fundida
1⅓ tazas de harina de fuerza
2 cucharadas de azúcar moreno

1. Precaliente el horno a una
temperatura moderada de
180°C. Unte un molde
hondo redondo, de 20 cm
de diámetro, con mantequilla
fundida o aceite. Forre la base
y las paredes con papel
parafinado.
2. Ponga 1 cucharada de azúcar
y la mitad de los arándanos en
una cacerola y cuézalo a fuego
lento. Remueva hasta que
suelten el jugo. Agregue
los arándanos restantes y
deje enfriar la preparación.
3. Bata los huevos en un
cuenco grande hasta que
se espesen. Añada la esencia
de vainilla, la mantequilla,
la harina y el azúcar restante;
remuévalo con una cuchara
de metal hasta obtener una
mezcla homogénea.
4. Vierta ¾ taza de la masa
en la cacerola que contiene
los arándanos. Con una
cuchara, ponga la preparación
de los arándanos y el resto de
masa en el molde. Entremezcle
la masa con una brocheta para
obtener un efecto marmolado
y espolvoréela con el azúcar
moreno. Hornee el pastel
durante 45 ó 50 minutos,
o hasta que al clavar una
brocheta en el centro, ésta salga
limpia. Déjelo reposar durante
5 minutos y vuélquelo sobre
una rejilla metálica para que se
enfríe. Si lo desea, espolvoréelo
con azúcar glas.

Bizcocho de natillas y nata

Tiempo de preparación:
35 minutos +
   1 noche en el frigorífico
Tiempo de cocción:
Ninguno
Para 6–8 personas

125 g de requesón
½ taza de natillas preparadas
1⅔ tazas de nata líquida
½ taza de café solo fuerte
⅓ taza de coñac
2 cucharaditas de azúcar
250 g de bizcochos

1. Forre un molde o un plato
rectangular de 19 x 10 x
7,5 cm con film transparente,
de manera que sobresalgan
los bordes. Bata el requesón
hasta que esté homogéneo y
cremoso. Añada las natillas
gradualmente sin dejar de
batir.
2. Bata ⅔ taza de nata hasta
que esté a punto de nieve.
(Reserve el resto de nata en
el frigorífico.) Añada las
natillas, mezcle bien y
reserve la preparación.
En un bol, ponga el café,
el coñac y el azúcar. Mezcle
bien para disolver el azúcar.
Corte los bizcochos de manera
que encajen en el molde a lo
ancho.
3. Humedezca los bizcochos,
uno o dos cada vez, en
la preparación del café.
Dispóngalos en la base del
molde, uno junto al otro.
Úntelos con una tercera
parte de la preparación
de las natillas. Humedezca
más bizcochos y forme una
segunda capa. Cúbrala con
la preparación de las natillas.
Finalice con otra capa de
bizcochos y el resto de natillas.
4. Cubra la parte superior del
pastel con film transparente
y guárdelo en el frigorífico
durante una noche. Bata la
nata restante hasta que esté
a punto de nieve. Disponga
el pastel en una fuente de
servir, úntelo con nata
montada y espolvoréelo
con un poco de cacao en
polvo. Córtelo en rebanadas
y sírvalo.

Pastel de arándanos (arriba) y
Bizcocho de natillas y nata

Pastel congelado de mousse de chocolate

Tiempo de preparación:
  30 minutos +
  1 noche en el congelador
Tiempo de cocción:
  30–35 minutos
Para un pastel redondo

1 taza de almendras o pacanas,
  enteras y sin la cáscara
500 g de chocolate negro,
  en trozos
150 g de mantequilla
1 cucharada de café soluble,
  en polvo o granulado
1 cucharadita de esencia de
  vainilla
2 cucharadas de azúcar
  moreno
4 huevos
¼ taza de harina blanca

1. Precaliente el horno a una temperatura moderada de 180°C. Unte un molde hondo redondo, de 22 cm de diámetro, con mantequilla fundida o aceite. Forre la base y las paredes con papel parafinado. Ponga las almendras o las pacanas en el cuenco de una picadora. Enciéndala y apáguela a menudo hasta que estén finamente picadas. Resérvelas.
2. Mezcle el chocolate negro, la mantequilla, el café y la esencia de vainilla en una cacerola grande. Remueva a fuego lento hasta fundir los ingredientes y obtener una mezcla homogénea. Retire la cacerola del fuego. Si lo desea, puede realizar este paso en el microondas. Para ello, ajústelo a la temperatura alta (100%) y enciéndalo y apáguelo varias veces durante 1 ó 2 minutos, removiendo cada minuto. Bata el azúcar y los huevos con una batidora eléctrica durante 2 ó 3 minutos, hasta obtener una mezcla espesa y cremosa.
3. Incorpore la mezcla de chocolate, las almendras o pacanas molidas y la harina. Remueva bien todos los ingredientes. Con la ayuda de una cuchara, ponga la preparación en el molde. Hornee el pastel 30 minutos, o hasta que la parte superior esté consistente. Retire el pastel del horno y déjelo enfriar.
4. Cúbralo con film transparente y póngalo en el congelador durante una noche. Este pastel es exquisito y resulta delicioso cubierto con la Cobertura de chocolate y crema agria (vea la página 63). Si lo desea, también puede servirlo cortado en trozos pequeños y espolvoreado con cacao en polvo y azúcar glas, acompañado de nata espesa o helado.

Nota: Para preparar esta receta, utilice sólo chocolate negro puro de alta calidad.

Pastel congelado de mousse de chocolate

1 Forre la base y las paredes de un molde hondo redondo con papel parafinado.

2 Bata el azúcar y los huevos con una batidora eléctrica hasta obtener una mezcla espesa y cremosa.

3 Con cuidado, ponga la mezcla en el molde engrasado con la ayuda de una cuchara.

4 Hornee el pastel hasta que la parte superior esté firme.

Pastel de pera y pacanas

Tiempo de preparación:
20 minutos
Tiempo de cocción:
1 hora
Para un pastel redondo

2 cucharaditas de zumo de limón
1 pera madura, pelada, sin el
corazón y en trozos grandes
150 g de mantequilla
¾ taza de azúcar extrafino
3 huevos
1 cucharadita de canela molida
una pizca de nuez moscada
1¼ tazas de harina de fuerza
¾ taza de pacanas, en trozos
grandes
¼ taza de azúcar moreno

1. Rocíe la pera con el zumo de limón. Precaliente el horno a una temperatura moderada de 180°C. Unte un molde hondo desmontable, de 20 cm de diámetro, con mantequilla fundida o aceite. Forre la base y las paredes con papel parafinado.
2. Bata la mantequilla y el azúcar hasta obtener una mezcla ligera y cremosa. Añada los huevos gradualmente, batiendo cada vez. Agregue la canela y la nuez moscada. Incorpore la harina, dos tercios de las pacanas y la pera. Remueva bien para mezclar los ingredientes.
3. Con una cuchara, ponga la preparación en el molde. Mezcle el resto de pacanas y el azúcar y cubra la superficie del pastel con esta preparación. Hornee el pastel durante 1 hora, o hasta que al clavar una brocheta en el centro, ésta salga limpia. Si, transcurridos 45 minutos, la parte superior empieza a dorarse demasiado, cúbrala con papel de aluminio. Deje reposar el pastel durante 5 minutos antes de volcarlo sobre una rejilla metálica para que se enfríe.

Pastel de naranja y sultanas al coñac

Tiempo de preparación:
20 minutos
Tiempo de cocción:
45 minutos
Para dos pasteles rectangulares

125 g de mantequilla, fundida
3 tazas de sultanas
½ taza de azúcar moreno
2 cucharadas de mermelada de
naranja
1 cucharada de ralladura de
naranja
2 huevos
¼ taza de coñac, más
1½ cucharadas adicionales
¾ taza de harina blanca
¼ taza de harina de fuerza
almendras y guindas, cortadas en
trozos grandes, para decorar

1. Precaliente el horno a una temperatura de 150°C. Unte dos moldes hondos rectangulares de 8 x 26 cm con mantequilla fundida o aceite. Forre la base y las paredes con papel parafinado.
2. En un cuenco grande, mezcle la mantequilla, las sultanas, el azúcar moreno, la mermelada, la ralladura de naranja, los huevos, ¼ taza de coñac y los dos tipos de harina. Remueva todos los ingredientes con una cuchara de madera hasta que estén bien mezclados.
3. Reparta uniformemente la masa en los dos moldes y alise la superficie. Decore los pasteles con las almendras y las guindas. Hornéelos durante 45 minutos, o hasta que al clavar una brocheta en el centro, ésta salga limpia. Rocíe los pasteles con el coñac adicional, cúbralos muy bien con papel de aluminio y déjelos enfriar en los moldes.

Nota: Este pastel se conserva en el frigorífico hasta 3 semanas, guardado en un recipiente hermético.

Pastel de pera y pacanas (arriba) y
Pastel de naranja y sultanas al coñac

Pastel de chocolate negro

Tiempo de preparación:
  15 minutos
Tiempo de cocción:
  45 minutos
*Para un pastel en forma
de corona*

2¼ tazas de harina de fuerza
1 cucharadita de bicarbonato
  de sosa
⅔ taza de cacao en polvo
1½ tazas de azúcar extrafino
155 g de mantequilla,
  reblandecida
1 taza de agua
3 huevos, poco batidos

1. Precaliente el horno a una temperatura moderada de 180°C. Unte un molde en forma de corona con las paredes acanaladas, de 24 cm de diámetro, con mantequilla fundida. Tamice la harina, el bicarbonato y el cacao en polvo en un cuenco grande. Añada el azúcar y remuévalo. A continuación, agregue la mantequilla, el agua y los huevos. Con una batidora eléctrica, bata los ingredientes a la velocidad mínima hasta que estén bien mezclados. Pase a la velocidad media y siga batiendo durante otros 3 minutos.
2. Con una cuchara, ponga la masa en el molde y alise la superficie con una espátula. Hornee el pastel durante 45 minutos, o hasta que al clavar una brocheta en el centro, ésta salga limpia. Déjelo reposar durante 10 minutos. Transcurrido este tiempo, vuélquelo sobre una rejilla metálica para que se enfríe. Si lo desea, espolvoréelo con azúcar glas tamizado. También puede cubrirlo con la Cobertura de chocolate (vea la página 63), la Crema de mantequilla con cacao (vea la página 60), o rociarlo con la Salsa de chocolate (vea la página 59).

Pastel de piña y plátano

Tiempo de preparación:
  30 minutos
Tiempo de cocción:
  1 hora
Para un pastel redondo

2 plátanos maduros, machacados
½ taza de piña, machacada y
  escurrida
1¼ tazas de azúcar extrafino
1⅔ tazas de harina de fuerza
2 cucharaditas de canela molida
⅔ taza de aceite
¼ taza de zumo de piña
2 huevos

1. Precaliente el horno a una temperatura moderada de 180°C. Unte un molde hondo redondo, de 23 cm de diámetro, con mantequilla fundida o aceite. Forre la base y las paredes con papel parafinado. Ponga los plátanos, la piña machacada y el azúcar en un cuenco grande. Agregue la harina tamizada y la canela. Remuévalo todo bien con una cuchara de madera.
2. Bata el aceite, el zumo de piña y los huevos y añádalo a la mezcla anterior. Remueva bien todos los ingredientes hasta obtener una masa homogénea. Viértala en el molde y alise la superficie con una espátula. Hornee el pastel durante 1 hora, o hasta que al clavar una brocheta en el centro, ésta salga limpia. Déjelo reposar durante 10 minutos antes de volcarlo sobre una rejilla metálica para que se enfríe.
3. Cuando el pastel esté frío, cúbralo con una de las coberturas de requesón (vea la página 62) y decórelo con rodajas de mango seco.

Nota: Este pastel se conserva hasta 4 días en un recipiente hermético. Si la temperatura ambiente es cálida, guárdelo en el frigorífico.

---

*Pastel de chocolate negro (arriba) y
Pastel de piña y plátano*

Pastel de café y crema agria

Tiempo de preparación:
25 minutos
Tiempo de cocción:
30–40 minutos
Para un pastel rectangular

125 g de mantequilla
1 taza de azúcar extrafino
3 huevos, poco batidos
1 cucharadita de esencia de
vainilla
1 cucharada de café soluble
en polvo
¾ taza de harina blanca
½ taza de harina de fuerza
⅓ taza de crema agria

1. Precaliente el horno a una temperatura media de 160°C. Unte la base y las paredes de un molde llano rectangular de 28 x 18 cm con mantequilla fundida o aceite. Forre la base y las paredes con papel parafinado.
2. Bata la mantequilla y el azúcar en un bol pequeño hasta obtener una mezcla ligera y cremosa. Agregue los huevos de forma gradual, batiendo cada vez. Disuelva la esencia de vainilla y el café en 1 cucharada de agua tibia y agréguelo a la mezcla. Bata bien todos los ingredientes.
3. Vierta la mezcla en un cuenco grande. Con una cuchara metálica, incorpore los dos tipos de harina tamizados en alternancia con la crema agria. Ponga la masa en el molde con la ayuda de una cuchara y alise la superficie. Hornee el pastel de 30 a 40 minutos, o hasta que al clavar una brocheta en el centro, ésta salga limpia. Déjelo reposar durante 5 minutos y vuélquelo sobre una rejilla metálica para que se enfríe. Una vez frío, cúbralo con el Glaseado de café (vea la página 61) y decórelo con confites.

Biscotten torte (Pastel de galletas)

Tiempo de preparación:
45 minutos +
1 noche en el frigorífico
Tiempo de cocción:
Ninguno
Para un pastel rectangular

125 g de mantequilla
½ taza de azúcar extrafino
2 huevos (con las yemas y las
claras separadas)
100 g de almendras molidas
2 gotas de esencia de almendra
2 cucharadas de ron
½ taza de leche
24 galletas dulces rectangulares
1¼ tazas de nata líquida, batida
1½ tazas de almendras, tostadas
y laminadas

1. Bata la mantequilla y el azúcar en un bol pequeño hasta obtener una mezcla ligera y cremosa. Agregue las yemas de huevo y siga batiendo. Incorpore las almendras y la esencia y mézclelo bien.
2. Ponga las claras de huevo en un bol pequeño seco. Con una batidora eléctrica, bátalas hasta que estén a punto de nieve. Con una cuchara metálica, mezcle las claras montadas con la mezcla de las almendras. Refrigere la preparación durante 20 ó 30 minutos, hasta que esté consistente pero no dura. Mezcle el ron y la leche en un plato llano.
3. Humedezca seis galletas en la mezcla de ron y leche. Dispóngalas sobre una lámina de papel de aluminio en dos filas largas, de manera que formen un rectángulo. Cúbralas con una tercera parte de la mezcla de almendras. Repita la operación otras dos veces, finalizando con una capa de galletas. Envuelva bien el pastel con papel de aluminio y guárdelo en el frigorífico durante toda una noche. Antes de servirlo, dispóngalo sobre una fuente de servir. Adórnelo con nata montada y almendras tostadas laminadas.

Pastel de crema agria y café (arriba) y
Biscotten torte (Pastel de galletas)

Pastel de pacanas y nuez moscada

Tiempo de preparación:
30 minutos
Tiempo de cocción:
35–40 minutos
Para un pastel redondo

2 tazas de harina de fuerza
2 cucharaditas de nuez moscada
    molida
125 g de mantequilla, en trozos
1½ tazas de azúcar moreno
½ cucharadita de bicarbonato
    de sosa
1 taza de leche
1 huevo
¾ taza de pacanas, en trozos

1. Precaliente el horno a una temperatura moderada de 180°C. Unte un molde hondo redondo desmontable, de 20 cm de diámetro, con mantequilla fundida o aceite. Forre la base y las paredes con papel parafinado. Tamice la harina y la nuez moscada en un bol grande. Agregue la mantequilla cortada en trozos y el azúcar moreno. Con las puntas de los dedos, trabaje la masa durante 3 minutos, o hasta que presente una textura parecida a la del pan rallado fino.

2. Vierta la mitad de la mezcla en la base del molde y presione con firmeza con el reverso de una cuchara metálica hasta cubrirla uniformemente. De esta forma obtendrá la base del pastel.

3. Mezcle el bicarbonato de sosa, la leche, el huevo y las pacanas cortadas en trozos y añádalo a la mezcla de harina. Remuévalo bien hasta que presente una textura homogénea.

4. Vierta uniformemente la preparación de las pacanas sobre la base del pastel y alise la superficie con una espátula. Hornee el pastel de 35 a 40 minutos, o hasta que al clavar una brocheta en el centro, ésta salga limpia. Déjelo reposar durante 10 minutos. Transcurrido este tiempo, vuélquelo sobre una rejilla metálica para que se enfríe. Si lo desea, antes de servirlo espolvoréelo con azúcar glas tamizado.

Nota: Este pastel se conserva en perfectas condiciones durante 2 ó 3 días guardado en un recipiente hermético.

Sugerencia: Si lo prefiere, en lugar de pacanas, puede utilizar almendras o nueces para preparar este pastel.

Pastel de pacanas y nuez moscada

1 Trabaje la mezcla con la mantequilla hasta obtener una textura similar a la del pan rallado.

2 Presione la mitad de la mezcla en la base del molde.

3 Agregue la mezcla del bicarbonato, la leche, el huevo y las pacanas.

4 Hornee el pastel hasta que al clavar una brocheta en el centro, ésta salga limpia.

Pastel de zanahoria y pacanas

Tiempo de preparación:
30 minutos
Tiempo de cocción:
45 minutos
Para un pastel cuadrado

3 huevos
1 taza de aceite
1 taza de azúcar moreno
1½ tazas de harina de fuerza
1 cucharadita de bicarbonato
de sosa
una pizca de sal
2 cucharaditas de canela molida
¾ taza de pacanas, en trozos
250 g de zanahoria rallada

1. Precaliente el horno a una temperatura moderada de 180°C. Unte un molde hondo cuadrado de 23 cm con mantequilla fundida o aceite. Forre la base y las paredes con papel parafinado.
2. Mezcle los huevos, el aceite y el azúcar moreno en un cuenco grande. Tamice la harina, el bicarbonato, la sal y la canela; agréguelo a la mezcla de los huevos. Con una batidora eléctrica, bátalo bien hasta obtener una textura homogénea. Incorpore las pacanas cortadas en trozos y la zanahoria rallada. Remueva bien para mezclar todos los ingredientes.
3. Vierta la preparación en el molde y hornee durante 45 minutos, o hasta que

al clavar una brocheta en el centro, ésta salga limpia. Deje reposar el pastel durante 20 minutos como mínimo. Transcurrido este tiempo, vuélquelo sobre una rejilla metálica para que se enfríe. Úntelo con una de las coberturas de requesón (vea la página 62) y, si lo desea, decórelo con pacanas cortadas en trozos.

Pastel de coco

Tiempo de preparación:
15 minutos
Tiempo de cocción:
55 minutos
Para un pastel rectangular

185 g de mantequilla, en trozos
y reblandecida
1 taza de azúcar extrafino,
más 1 cucharada adicional
1 taza de coco rallado, más
2 cucharadas adicionales
½ taza de suero de leche o yogur
natural
2 cucharaditas de esencia de
vainilla
3 huevos, poco batidos
1½ tazas de harina de fuerza
⅓ taza de fécula de maíz

1. Precaliente el horno a una temperatura moderada de 180°C. Unte un molde rectangular de 23 x 13 x 7 cm con mantequilla fundida o aceite. Forre la base y las paredes con papel parafinado.
2. Ponga la mantequilla, 1 taza

de azúcar, 1 taza de coco rallado, el suero de leche o el yogur, la esencia de vainilla y los huevos en un cuenco y bátalo un poco hasta mezclar los ingredientes. Tamice la harina y la fécula de maíz y agréguelas a la mezcla. Bátalo a la velocidad mínima. Siga batiendo a velocidad media durante 1 minuto más, hasta que la masa esté homogénea y cremosa. No la bata en exceso.
3. Con cuidado, vierta la masa en el molde con la ayuda de una cuchara metálica y alise la superficie con una espátula. Mezcle el coco rallado y el azúcar adicionales y espolvoree la superficie con esta mezcla. Hornee el pastel durante 55 minutos, o hasta que al clavar una brocheta en el centro, ésta salga limpia. Cubra el pastel ligeramente con papel de aluminio durante los últimos 15 minutos de cocción para evitar que la cobertura de coco se dore en exceso. Deje reposar el pastel durante 5 minutos. Transcurrido este tiempo, vuélquelo sobre una rejilla metálica para que se enfríe.

Pastel de zanahoria y pacanas (arriba) y Pastel de coco

Pastel Jaffa

Tiempo de preparación:
20 minutos
Tiempo de cocción:
45 minutos
Para un pastel rectangular

*185 g de mantequilla, en trozos
y reblandecida
1 taza de azúcar extrafino
2 cucharaditas de ralladura de
naranja
1/3 taza de zumo de naranja
3 huevos, poco batidos
1 1/2 tazas de harina de fuerza
1/3 taza de harina de arroz
(o fécula de maíz)
1 cucharada de cacao en polvo*

1. Precaliente el horno a una temperatura moderada de 180°C. Unte un molde rectangular de 23 x 13 x 7 cm con mantequilla fundida o aceite. Forre la base con papel parafinado.
2. Ponga la mantequilla, el azúcar, los huevos, la ralladura y el zumo de naranja en un cuenco. Bata todos los ingredientes hasta mezclarlos bien. Tamice los dos tipos de harina y agréguelas a la mezcla anterior. Con una batidora eléctrica, bátalo a la velocidad mínima. Pase a la velocidad media y siga batiendo hasta obtener una masa homogénea y cremosa.
3. Con una cuchara, ponga la mitad de la masa en un bol pequeño. Espolvoréela con el cacao en polvo y mézclelo bien. Unte uniformemente la base y las paredes del molde con esta mezcla. Con una cuchara, ponga la masa restante en el molde y alise la superficie con una espátula. Hornee el pastel durante 45 minutos, o hasta que al clavar una brocheta en el centro, ésta salga limpia. Déjelo reposar durante 5 minutos y vuélquelo sobre una rejilla metálica para que se enfríe. Cubra el pastel con el Glaseado de chocolate (vea la página 61). Si lo desea, decórelo con avellanas cubiertas de chocolate.

Pastel de jarabe de arce y pacanas

Tiempo de preparación:
20 minutos
Tiempo de cocción:
55 minutos
Para un pastel redondo

*250 g de mantequilla, en trozos
y reblandecida
3/4 taza de azúcar moreno,
más 2 cucharadas adicionales
1/3 taza de jarabe de arce, más
1 cucharada adicional
1 taza de pacanas, en trozos
2 huevos
1/2 taza de leche o suero de leche
1 1/2 tazas de harina de fuerza
1/2 taza de harina blanca*

1. Precaliente el horno a una temperatura moderada de 180°C. Unte un molde hondo redondo, de 23 cm de diámetro, con mantequilla fundida o aceite. Forre la base y las paredes con papel parafinado.
2. En un bol pequeño, ponga 60 g de mantequilla, 2 cucharadas de azúcar y 1 cucharada de jarabe de arce. Bata la mezcla con una cuchara de madera durante 1 minuto, hasta que esté ligera y cremosa. Viértala uniformemente sobre la base del molde. Esparza las pacanas cortadas sobre la superficie.
3. Mezcle la mantequilla, el azúcar y el jarabe de arce restantes con los huevos y la leche o el suero en un bol. Bátalo durante 1 minuto, hasta mezclarlo bien. Tamice los dos tipos de harina, agréguelos a la preparación anterior y bata a la velocidad mínima hasta mezclar todos los ingredientes. Pase a la velocidad media y bátalo durante 1 minuto más, hasta obtener una masa homogénea y cremosa. Con una cuchara, ponga la masa en el molde y alise la superficie. Hornee el pastel durante 55 minutos, o hasta que al clavar una brocheta en el centro, ésta salga limpia. Déjelo reposar durante 10 minutos. Transcurrido este tiempo, vuélquelo sobre una rejilla metálica para que se enfríe.

Pastel de jarabe de arce y pacanas (arriba) y Pastel Jaffa

34

Pastel de chocolate doble

Tiempo de preparación:
  20 minutos
Tiempo de cocción:
  50 minutos
Para un pastel redondo

250 g de mantequilla
200 g de chocolate negro,
  en trozos
1½ tazas de azúcar extrafino
¼ taza de whisky
1 taza de agua caliente
1½ tazas de harina de fuerza
½ taza de harina blanca
½ taza de cacao negro en polvo
2 huevos, poco batidos
cacao en polvo adicional y
  azúcar glas para decorar

1. Precaliente el horno a una temperatura de 150°C. Unte dos moldes llanos redondos, de 20 cm de diámetro, con mantequilla fundida o aceite. Forre las bases con papel parafinado.
2. Funda la mantequilla en una cacerola. Agregue el chocolate, el azúcar, el whisky y el agua caliente y bata la mezcla hasta que esté homogénea. Déjela enfriar ligeramente y, a continuación, póngala en un cuenco grande.
3. Tamice los dos tipos de harina y el cacao en polvo e incorpórelo a la mezcla. Bátalo hasta obtener una mezcla homogénea y sin grumos. A continuación, añada los huevos y siga batiendo. Reparta la masa en los dos moldes engrasados y hornéelos durante 50 minutos, o hasta que estén firmes. Reserve los pasteles en los moldes hasta que se enfríen. Junte las dos bases con la Crema de mantequilla con chocolate (vea la página 60). Espolvoree la parte superior del pastel con la mezcla del cacao en polvo tamizado y el azúcar glas.

Nota: Este pastel se conserva hasta 1 semana en un recipiente hermético.

Pastel de calabacines y avellanas

Tiempo de preparación:
  20 minutos
Tiempo de cocción:
  30 minutos
Para un pastel en forma de corona

30 g de mantequilla fundida
1 cucharada de azúcar terciado
½ taza de avellanas, en trozos
1 taza de calabacines rallados,
  muy firmes
1 taza de azúcar extrafino
½ taza de aceite de girasol
2 huevos, poco batidos
2 cucharaditas de ralladura
  de limón
1¼ tazas de harina de fuerza
½ taza de sémola fina

1. Precaliente el horno a una temperatura moderada de 180°C. Unte un molde en forma de corona con las paredes acanaladas, de 23 cm de diámetro, con una parte de la mantequilla fundida; disponga el resto sobre la base del molde. Espolvoree la base con el azúcar terciado y la mitad de las avellanas cortadas en trozos.
2. Presione los calabacines rallados para eliminar el exceso de agua. Mézclelos con el azúcar, el aceite de girasol, los huevos, la ralladura de limón y el resto de avellanas en un cuenco grande. Remuévalo bien con una cuchara de madera. Agregue la harina y la sémola tamizadas y bátalo hasta obtener una mezcla homogénea.
3. Con la ayuda de una cuchara, ponga la masa en el molde y alise la superficie con una espátula. Hornee el pastel durante 30 minutos, o hasta que al clavar una brocheta en el centro, ésta salga limpia. Déjelo reposar durante 5 minutos. Transcurrido este tiempo, vuélquelo sobre una rejilla metálica para que se enfríe.

Pastel de chocolate doble (arriba) y
Pastel de calabacines y avellanas

Pastel de frambuesa y fruta de la pasión

Tiempo de preparación:
  30 minutos
Tiempo de cocción:
  45 minutos
Para un pastel en forma de corona

¼ taza de harina blanca
¾ taza de harina de fuerza
¾ taza de almendras molidas
185 g de mantequilla
1 taza de azúcar extrafino
½ taza de pulpa de fruta de la pasión fresca
2 cucharaditas de esencia de vainilla
2 huevos
1 taza de frambuesas frescas o congeladas

1. Precaliente el horno a una temperatura moderada de 180°C. Unte un molde en forma de corona, de 20 cm de diámetro, con mantequilla fundida o aceite. Mezcle la harina de fuerza y la harina blanca con las almendras molidas en un cuenco grande. Forme un hueco en el centro.
2. En una cacerola, ponga la mantequilla, el azúcar, la pulpa de la fruta de la pasión y la esencia de vainilla. Remueva a fuego lento hasta que la mantequilla se haya fundido y la mezcla esté homogénea.
3. Incorpore esta mezcla a los ingredientes secos y bátalo bien. Añada los huevos y siga batiendo hasta obtener una mezcla homogénea. Vierta la masa en el molde. Disponga las frambuesas encima, introduciéndolas justo debajo de la superficie de la masa. Hornee el pastel durante 45 minutos, o hasta que al clavar una brocheta en el centro, ésta salga limpia. Déjelo reposar durante 10 minutos como mínimo. Transcurrido este tiempo, vuelque el pastel sobre una rejilla metálica para que se enfríe. Sírvalo espolvoreado con azúcar glas.

Pastel de cardamomo con cobertura de nueces

Tiempo de preparación:
  15 minutos
Tiempo de cocción:
  40 minutos
Para un pastel redondo

185 g de azúcar extrafino, más 1 cucharada adicional
1 taza de crema agria
1 huevo
1 cucharadita de esencia de vainilla
1½ tazas de harina blanca
½ cucharadita de bicarbonato de sosa
1 cucharadita de cardamomo molido
¼ taza de nueces, finamente picadas

1. Precaliente el horno a una temperatura moderada de 180°C. Unte un molde hondo redondo, de 20 cm de diámetro, con mantequilla fundida o aceite. Forre la base y las paredes con papel parafinado.
2. Ponga 185 g de azúcar, la crema agria, el huevo y la esencia de vainilla en un bol pequeño y bátalo durante 2 minutos. Tamice la harina, el bicarbonato de sosa y ½ cucharadita de cardamomo. Con una cuchara, ponga estos ingredientes sobre la preparación anterior. Bata todos los ingredientes con una batidora eléctrica a la velocidad mínima hasta que estén mezclados. Pase a la velocidad media y siga batiendo durante 1 minuto más.
3. Con una cuchara, ponga la masa en el molde y alise la superficie con una espátula. Mezcle las nueces y el azúcar y el cardamomo restantes en un bol pequeño. Cubra uniformemente la superficie de la masa con esta preparación. Con un cuchillo de hoja plana, arremoline cuidadosamente la mezcla de nueces con un poco de la masa de la superficie del pastel. Hornéelo durante 40 minutos, o hasta que al clavar una brocheta en el centro, ésta salga limpia. Déjelo reposar durante 5 minutos. Transcurrido este tiempo, vuelque el pastel sobre una rejilla metálica para que se enfríe.

Pastel de frambuesa y fruta de la pasión (arriba) y Pastel de cardamomo con cobertura de nueces

1 *Cubra holgadamente un molde rectangular con film transparente, dejando los bordes sueltos.*

2 *Humedezca 2 ó 3 galletas cada vez en la mezcla de licor.*

Pastel de galletas de chocolate al licor

Tiempo de preparación:
30 minutos
+ 8 horas en el frigorífico
Tiempo de cocción:
Ninguno
Para 6–8 personas

¼ taza de Kahlua, o licor de café
¼ taza de Bailey's
2¼ tazas de nata espesa
200 g de galletas de chocolate
cacao en polvo, para decorar

1. Cubra holgadamente un molde rectangular de 26 x 8 x 5 cm con film transparente, de manera que los bordes queden sueltos. El molde se utiliza como soporte para montar el pastel.
2. En un cuenco poco hondo, mezcle el Kahlua o el licor de café con el Bailey's. Resérvelo. Bata 1¼ tazas de nata hasta que esté a punto de nieve.

Humedezca las galletas, 2 ó 3 cada vez, en la mezcla de licor. Si la textura de las galletas es dura y consistente, es posible que deba dejarlas en remojo durante 1 minuto aproximadamente.
3. Disponga una galleta en posición vertical en uno de los extremos del molde. Úntela con un poco de nata y cúbrala con otra galleta humedecida en el licor. Incorpore alternativamente la nata montada y las galletas restantes en el molde.
4. Envuelva firmemente el pastel en el film transparente y póngalo en el frigorífico durante 8 horas. Con cuidado, déle la vuelta de vez en cuando y vuelva a ponerlo en el molde. Así evitará que el licor se acumule en la base y, de esta forma, se repartirá bien por las galletas. Transcurridas las 8 horas, desenvuelva el pastel y dispóngalo sobre una fuente de servir o una tabla de cocina. Bata la nata restante hasta que

esté a punto de nieve. Cubra el pastel con la nata y espolvoréelo con un poco de cacao en polvo tamizado. Con un cuchillo afilado, corte el pastel en diagonal, de manera que forme rayas verticales.

Nota: Puede montar el pastel con 3 días de antelación. Guárdelo bien envuelto en el frigorífico y cúbralo con nata en el momento de servir. Este pastel resulta delicioso como postre, acompañado de fruta fresca.

Pastel de galletas de chocolate al licor

3 Incorpore alternativamente las galletas humedecidas en el licor y la nata montada.

4 Bata un poco la nata restante hasta que esté a punto de nieve.

Pastel de cacahuetes, sultanas y chocolate

Tiempo de preparación:
15 minutos
Tiempo de cocción:
30 minutos
Para un pastel rectangular

125 g de mantequilla
½ taza de azúcar
   moreno
¼ taza de manteca de
   cacahuete
2 cucharadas de jarabe
   de caña
2 huevos
1⅔ tazas de harina
   de fuerza
⅔ taza de leche
100 g de chocolate negro,
   rallado
100 g de sultanas cubiertas
   de chocolate
100 g de cacahuetes cubiertos
   de chocolate

1. Precaliente el horno a una temperatura moderada de 180°C. Unte un molde rectangular de 20 x 30 cm con mantequilla fundida o aceite. Forre la base y las paredes con papel parafinado.
2. Bata la mantequilla, el azúcar, la manteca de cacahuete y el jarabe de caña en un cuenco grande hasta obtener una mezcla ligera y cremosa. Incorpore los huevos de forma gradual, batiendo cada vez. Añada la harina en alternancia con la leche y siga batiendo hasta obtener una mezcla homogénea. Con la ayuda de una cuchara metálica, añada el chocolate rallado y las sultanas y los cacahuetes cubiertos de chocolate.
3. Con una cuchara, ponga la preparación en el molde y alise la superficie. Hornee el pastel durante 30 minutos, o hasta que al clavar una brocheta en el centro, ésta salga limpia. Déjelo reposar durante unos 10 minutos. Cuando el pastel esté aún tibio, córtelo en cuadrados y sírvalo. Espolvoréelo con azúcar glas y acompáñelo con nata o helado.

Pastel de pomelo y mandarina

Tiempo de preparación:
20 minutos
Tiempo de cocción:
45 minutos
Para un pastel en forma de corona

125 g de mantequilla,
   en trozos
⅔ taza de azúcar
   extrafino
150 g de mandarinas
   enteras, cortadas en
   trozos (vea la nota)
2 huevos
175 g de pomelos enteros,
   en trozos (vea la nota)
¾ taza de crema de coco
¼ taza de coco rallado
½ taza de sémola, molida fina
1¼ tazas de harina
   de fuerza

1. Precaliente el horno a una temperatura moderada de 180°C. Unte un molde hondo en forma de corona con las paredes acanaladas, de 23 cm de diámetro, con mantequilla fundida o aceite. Ponga la mantequilla, el azúcar, las mandarinas, los huevos y los pomelos en una batidora. Enciéndala y apáguela a menudo hasta obtener una mezcla casi homogénea.
2. Agregue la crema de coco, el coco rallado, la sémola y la harina de fuerza. Vuelva a poner en marcha la batidora hasta obtener una mezcla homogénea y viértala en el molde. Hornee el pastel durante 45 minutos, o hasta que al clavar una brocheta en el centro, ésta salga limpia.
3. Deje reposar el pastel durante unos 5 minutos. Transcurrido este tiempo, vuélquelo sobre una rejilla metálica para que se enfríe. Sírvalo tibio, espolvoreado con azúcar glas. Si lo prefiere, también puede cubrirlo con el Jarabe de cítricos (vea la página 58). Vierta el jarabe caliente sobre el pastel frío y déjelo reposar para que se empape bien. Sírvalo con un poco de nata espesa. Este pastel se conserva hasta 4 días en un recipiente hermético. Si lo desea, puede calentarlo en el microondas.

Pastel de pomelo y mandarina (arriba) y Pastel de cacahuetes, sultanas y chocolate

Nota: Cuando pele las mandarinas y los pomelos, retire la corteza y corte la mayor parte de la piel blanca interior, ya que puede llegar a ser muy amarga. Deséchela. Corte la corteza y la pulpa en trozos y, a continuación, pésela.

Sugerencia: Puede preparar este pastel con la combinación de cítricos que desee.

Pastel de manzana

Tiempo de preparación:
20 minutos
Tiempo de cocción:
40–50 minutos
Para un pastel redondo

125 g de mantequilla,
  reblandecida
½ taza de azúcar extrafino
2 huevos, poco batidos
2 cucharaditas de esencia
  de vainilla
1 taza de harina de fuerza
⅓ taza de manzana seca
1 manzana grande, pelada, sin
  el corazón y rallada

1. Precaliente el horno a una
temperatura moderada de
180°C. Unte un molde hondo
redondo, de 20 cm de
diámetro, con mantequilla
fundida o aceite. Forre la base
y las paredes con papel
parafinado.
2. Con una batidora eléctrica,
bata la mantequilla con
el azúcar hasta obtener una
mezcla ligera y cremosa.
Añada los huevos de forma
gradual, batiendo cada vez.
Agregue la esencia de vainilla.
Tamice la harina e incorpórela
a la preparación. Siga batiendo
hasta obtener una mezcla
homogénea.
3. Corte la manzana seca en
trozos pequeños. Añada
la manzana seca y la rallada a
la masa y remueva bien hasta
que todos los ingredientes estén
mezclados. Con una cuchara,
ponga la masa en el molde y
alise la superficie. Hornee
el pastel de 40 a 50 minutos, o
hasta que al clavar una brocheta
en el centro, ésta salga limpia.
Déjelo reposar durante
5 minutos como mínimo.
Transcurrido este tiempo,
vuélquelo sobre una rejilla
metálica para que se enfríe.
Si lo desea, una vez frío, cubra
el pastel con la Crema de
mantequilla con vainilla
(vea la página 60).

Pastel de melaza y jengibre

Tiempo de preparación:
20 minutos
Tiempo de cocción:
35 minutos
Para un pastel rectangular

125 g de mantequilla
⅔ taza de azúcar moreno
¼ taza de melaza
2 huevos, poco batidos
1 taza de harina de fuerza
1 taza de harina blanca
1 cucharada de jengibre molido
½ cucharadita de bicarbonato
  de sosa
½ taza de leche

1. Precaliente el horno a una
temperatura moderada de
180°C. Unte un molde poco
profundo rectangular de
18 x 28 cm con mantequilla
fundida o aceite. Forre la base
y las paredes con papel
parafinado.
2. Con una batidora eléctrica,
bata la mantequilla y el azúcar
en un bol pequeño hasta
obtener una mezcla ligera y
cremosa. Agregue la melaza y
bata bien hasta mezclar los
ingredientes. Incorpore los
huevos gradualmente,
batiendo cada vez.
3. Ponga la mezcla en un
cuenco grande. Tamice los
dos tipos de harina, el jengibre
molido y el bicarbonato.
Con una cuchara metálica,
mezcle estos ingredientes en
alternancia con la leche.
Remueva hasta que los
ingredientes estén mezclados y
haya obtenido una textura casi
homogénea. Ponga la masa en
el molde con la ayuda de una
cuchara y alise la superficie con
una espátula.
4. Hornee el pastel durante
35 minutos, o hasta que al
clavar una brocheta en el
centro, ésta salga limpia.
Déjelo reposar durante
10 minutos como mínimo.
Transcurrido este tiempo,
vuélquelo sobre una rejilla
metálica para que se enfríe.
Cubra el pastel con el
Glaseado de jengibre y
limón (vea la página 61)
y decórelo con jengibre
escarchado. Si lo desea,
puede espolvorearlo
simplemente con azúcar
glas. Corte el pastel en
cuadrados y sírvalo.

Pastel de melaza y jengibre (arriba) y Pastel de manzana

Pastel de zanahoria

Tiempo de preparación:
  30 minutos
Tiempo de cocción:
  40–45 minutos
Para un pastel rectangular

2 huevos, poco batidos
1 taza de azúcar puro
1 taza de zanahoria rallada
¾ taza de aceite vegetal
½ taza de nueces, en trozos
¼ taza de pasas, en trozos
¼ taza de sultanas
1½ tazas de harina blanca,
  tamizada
1 cucharadita de especias
  variadas
1 cucharadita de canela molida
1 cucharadita de bicarbonato
  de sosa
1½ cucharaditas de levadura
  en polvo

1. Precaliente el horno a una
temperatura moderada de
180°C. Unte un molde llano
rectangular de 18 x 28 cm
con mantequilla fundida o
aceite. Forre la base y las
paredes con papel parafinado.
2. Ponga los huevos, el azúcar,
la zanahoria rallada, el aceite y
las nueces cortadas en trozos en
un cuenco grande. Remueva
para mezclarlo bien. Agregue
el resto de ingredientes y
remuévalos hasta que se
empapen con el líquido.
3. Vierta la masa en el molde
y hornee el pastel de 40 a
45 minutos. Déjelo enfriar un
poco antes de volcarlo sobre
una rejilla metálica para que

se enfríe por completo. Si lo
desea, cúbralo con una de las
coberturas de requesón (vea
la página 62) y espolvoréelo
con un poco de nuez moscada
rallada.

Pastel de chocolate Brownie

Tiempo de preparación:
  20 minutos
Tiempo de cocción:
  50 minutos
Para un pastel redondo

1 taza de azúcar extrafino
¼ taza de harina de fuerza,
  tamizada
¼ taza de cacao negro en polvo,
  tamizado
¾ taza de pistachos, en trozos
150 g de chocolate negro,
  en trozos
150 g de mantequilla, fundida
2 cucharaditas de esencia de
  vainilla
2 huevos, poco batidos

1. Precaliente el horno a una
temperatura moderada de
180°C. Unte un molde
hondo redondo, de 20 cm
de diámetro, con mantequilla
fundida o aceite. Forre la base
y las paredes con papel
parafinado.
2. En un cuenco grande,
mezcle el azúcar, la harina,
el cacao en polvo y las nueces.
Agregue el chocolate y mezcle
bien todos los ingredientes.

Forme un hueco en el centro.
3. Mezcle la mantequilla,
la esencia de vainilla y los
huevos e incorpórelo a la
masa. Remueva hasta que
los ingredientes estén
empapados con el líquido
y bien mezclados.
4. Vierta la preparación en
el molde y alise la superficie.
Hornee el pastel durante
50 minutos, o hasta que al
clavar una brocheta en el
centro, ésta salga limpia.
(Aunque la brocheta salga
un poco húmeda, la masa no
estará cruda.) Sirva el pastel
espolvoreado con un poco
de azúcar glas.

Nota: El secreto para preparar
este delicioso pastel consiste
en seleccionar bien los
ingredientes. Obtendrá un
resultado excelente si utiliza
chocolate y cacao en polvo de
buena calidad. Adquiera
chocolate negro de sabor
agridulce y cacao en polvo
negro holandés.

Pastel de chocolate Brownie (arriba)
y Pastel de zanahoria

Pasteles de sobre

L os pasteles hechos con una base de sobre son prácticos y rápidos, pero, sobre todo, pueden transformarse en cualquier pastel con el sabor que desee.

Pastel de nata y fresas

Tiempo de preparación:
  30 minutos
Tiempo de cocción:
  10–15 minutos
Para un pastel en capas

1 paquete de mezcla base para
  bizcocho o pastel de vainilla
suero de leche o leche
⅓ taza de Grand Marnier
  o Kirsch
1½ tazas de nata líquida
250 g de fresas, laminadas

1. Precaliente el horno a una temperatura moderada de 180°C. Unte un molde para brazo de gitano de 30 x 25 x 2 cm con aceite o mantequilla fundida. Forre la base y las paredes con papel parafinado.
2. Prepare el pastel siguiendo las instrucciones indicadas en el paquete. Para el líquido, utilice suero de leche o leche. Vierta la masa uniformemente en el molde. Hornee de 10 a 15 minutos, o hasta que al clavar una brocheta en el centro, ésta salga limpia. Déjelo reposar durante 5 minutos como mínimo. Transcurrido este tiempo, vuélquelo sobre una rejilla metálica para que se enfríe.
3. Una vez frío, divídalo en tres capas y recorte los extremos. Humedezca bien cada capa con Grand Marnier o Kirsch. Bata la nata hasta que esté a punto de nieve. Unte una tercera parte de la nata sobre una capa del pastel. Cúbrala con una tercera parte de las fresas cortadas en láminas. Añada una segunda capa del pastel y cúbrala con nata y fresas. Disponga la última capa sobre la superficie, con la parte humedecida en licor hacia abajo. Decore el pastel con el resto de nata y fresas.

Pastel de nata y fresas

Pastel caliente de chocolate y nubes de azúcar

Tiempo de preparación:
  20 minutos
Tiempo de cocción:
  35–40 minutos
Para un pastel cuadrado

1 paquete de mezcla base para
  pastel de chocolate
100 g de nubes de azúcar,
  partidas por la mitad
100 g de chocolate negro,
  en trozos

1. Precaliente el horno a una temperatura moderada de 180°C. Unte un molde hondo cuadrado de 20 cm con mantequilla fundida o aceite. Forre la base y las paredes con papel parafinado.
2. Prepare el pastel según las instrucciones indicadas en el paquete. Incorpore las nubes de azúcar partidas por la mitad y el chocolate negro; mézclelo bien.
3. Con la ayuda de una cuchara, ponga la masa uniformemente en el molde y alise la superficie con una espátula. Hornee el pastel de 35 a 40 minutos, o hasta que al clavar una brocheta en el centro, ésta salga limpia. Déjelo reposar durante 10 minutos y córtelo en cuadrados. Mezcle un poco de azúcar glas y cacao en polvo

tamizados. Espolvoree el pastel con esta mezcla. Sírvalo acompañado de nata o helado.

Nota: Para preparar este pastel, utilice nubes de azúcar medianas o grandes, ya que las más pequeñas se disolverían en el interior del pastel cocido debido al calor.

Pastel de mazapán y guindas

Tiempo de preparación:
  30 minutos
Tiempo de cocción:
  35 minutos
Para un pastel en forma de corona

1 paquete de mezcla
  base para bizcocho
suero de leche
⅓ taza de guindas,
  en trozos grandes
100 g de mazapán
  rallado
¼ taza de coco seco,
  rallado

1. Precaliente el horno a una temperatura moderada de 180°C. Unte un molde en forma de corona con las paredes acanaladas, de 23 cm de diámetro, con mantequilla fundida o aceite.
2. Prepare el pastel según las instrucciones indicadas en el paquete. Substituya el líquido por el suero de leche. Añada las guindas cortadas en trozos, el mazapán y el coco. Remuévalo bien hasta mezclar los ingredientes.
3. Con la ayuda de una cuchara, ponga la preparación en el molde. Hornee el pastel durante 35 minutos, o hasta que al clavar una brocheta en el centro, ésta salga limpia. Déjelo reposar durante 10 minutos. Transcurrido este tiempo, vuélquelo sobre una rejilla metálica para que se enfríe. Sirva el pastel espolvoreado con azúcar glas o cubierto con un glaseado de su elección (vea la página 61).

Nota: Esta receta incorpora mazapán para que el pastel quede más esponjoso y adquiera un delicioso sabor a almendras. Sírvalo acompañado con un poco de nata espesa.

CONSEJO
Encontrará mazapán en forma de troncos en la mayoría de supermercados. Normalmente se encuentra en la sección de pasteles o en la del azúcar.

Pastel caliente de chocolate y nubes de azúcar (arriba)
y Pastel de mazapán y guindas

Pastel de plátano, albaricoque y lima

Tiempo de preparación:
25 minutos
Tiempo de cocción:
35 minutos
Para un pastel en forma de corona

150 g de orejones, en dados
1 paquete de mezcla base para pastel de plátano
suero de leche o leche
1 cucharadita de esencia de vainilla
1 cucharadita de ralladura fina de lima

1. Precaliente el horno a una temperatura moderada de 180°C. Unte un molde en forma de corona con las paredes acanaladas, de 23 cm de diámetro, con mantequilla fundida o aceite.
2. Ponga los orejones en un bol refractario. Cúbralos con agua hirviendo y déjelos en remojo mientras prepara el pastel.
3. Prepare el pastel según las instrucciones indicadas en el paquete. Substituya el líquido por suero de leche o leche. Agregue la esencia de vainilla, la ralladura de lima y los orejones escurridos. Bata bien todos los ingredientes. Con la ayuda de una cuchara, ponga la masa en el molde y alise la superficie con una espátula. Hornee el pastel durante 35 minutos, o hasta que al clavar una brocheta en el centro, ésta salga limpia.

Nota: Si lo desea, unte el pastel con una cobertura una vez frío. Utilice la que se adjunta en el paquete y, si lo desea, añada 3 ó 4 cucharaditas de zumo de lima en lugar de agua o leche. También puede cubrir el pastel con uno de los glaseados que aparecen en este libro (vea la página 61).

Magdalenas Jaffa

Tiempo de preparación:
20 minutos
Tiempo de cocción:
15 minutos
Para 16 unidades

1 paquete de mezcla base para pastel de chocolate
2 cucharadas de ralladura fina de naranja

Cobertura
60 g de mantequilla
½ taza de azúcar glas
1 cucharada de cacao en polvo
2 ó 3 cucharaditas de zumo de naranja recién exprimido

1. Precaliente el horno a una temperatura moderada de 180°C. Forre uno o dos moldes para magdalenas con 16 cápsulas de papel. Prepare el pastel según las instrucciones indicadas en el paquete. Añada la ralladura de naranja y bátala con la masa. Con la ayuda de una cuchara, ponga la masa en las cápsulas de papel, llenándolas hasta la mitad.
2. Hornee las magdalenas durante unos 15 minutos, o hasta que al clavar una brocheta en el centro, ésta salga limpia. Quizá deba hornear las magdalenas en dos tandas. Déjelas reposar durante 5 minutos. Transcurrido este tiempo, póngalas sobre una rejilla metálica para que se enfríen.
3. Para preparar la cobertura: En un bol pequeño, bata la mantequilla y el azúcar glas con una batidora eléctrica hasta obtener una mezcla ligera y cremosa. Agregue el cacao y el zumo de naranja y siga batiendo hasta mezclar bien todos los ingredientes. Extienda la cobertura sobre cada una de las magdalenas. Decórelas con corteza de naranja confitada o en conserva, cubiertas de chocolate.

Nota: La cantidad de magdalenas puede variar según el tamaño del paquete de mezcla base que utilice.

Magdalenas Jaffa (arriba) y
Pastel de plátano, albaricoque y lima

Pastel de nueces, coco y caramelo

Tiempo de preparación:
25 minutos
Tiempo de cocción:
35–40 minutos
Para un pastel redondo

¼ *taza de azúcar moreno*
⅓ *taza de copos de coco*
½ *taza de nueces, en trozos*
40 g de mantequilla, fundida
2 cucharadas de jarabe de caña
1 paquete de mezcla base para
  bizcocho cuatro cuartos

1. Precaliente el horno a una temperatura moderada de 180°C. Unte un molde hondo redondo, de 20 cm de diámetro, con mantequilla fundida o aceite. Forre la base y las paredes con papel parafinado.
2. En un bol pequeño, mezcle bien el azúcar, el coco, las nueces, la mantequilla y el jarabe de caña. Humedézcase un poco los dedos y extienda la mezcla uniformemente sobre la base del molde.
3. Prepare el pastel según las instrucciones indicadas en el paquete. Con la ayuda de una cuchara, ponga la masa sobre la mezcla de coco. Alise la superficie con una espátula y hornee el pastel de 35 a 40 minutos, o hasta que al clavar una brocheta en el centro, ésta salga limpia.

Déjelo reposar durante 5 minutos. Transcurrido este tiempo, vuélquelo sobre una rejilla metálica para que se enfríe. Este pastel también resulta delicioso caliente, acompañado de helado o nata.

Sugerencia: Si lo prefiere, en lugar de nueces puede utilizar pacanas o nueces de macadamia. En lugar de copos de coco, puede utilizar coco desmenuzado o rallado.

Pastel de ciruelas pasas y naranja

Tiempo de preparación:
30 minutos
Tiempo de cocción:
35–40 minutos
Para un pastel redondo

15 ciruelas pasas, deshuesadas y
  cortadas en trozos
⅓ *taza de Marsala*
1 paquete de mezcla base para
  pastel de naranja
suero de leche o leche
3 cucharaditas de ralladura fina
  de naranja

1. Precaliente el horno a una temperatura moderada de 180°C. Unte un molde hondo cuadrado de 20 cm con mantequilla fundida o aceite. Forre la base y las paredes con papel parafinado.
2. Mezcle las ciruelas pasas cortadas en trozos y el Marsala en una cacerola pequeña. Cuézalo un poco hasta que las pasas hayan absorbido todo el líquido. Si lo desea, puede cocer las pasas y el Marsala en el microondas. Para ello, ponga estos ingredientes en un bol especial para microondas y cuézalo a la velocidad máxima (100%). Encienda y apague el microondas a menudo durante 1 ó 2 minutos, hasta que se haya absorbido todo el líquido.
3. Prepare el pastel según las instrucciones indicadas en el paquete. Substituya el líquido por suero de leche o leche. Agregue las ciruelas pasas ya cocidas y la ralladura de naranja y bátalo bien. Con la ayuda de una cuchara, ponga la masa en el molde y alise la superficie. Hornee el pastel de 35 a 40 minutos, o hasta que al clavar una brocheta en el centro, ésta salga limpia. Déjelo reposar durante 10 minutos. Transcurrido este tiempo, vuélquelo sobre una rejilla metálica para que se enfríe.

Nota: Si lo desea, cuando el pastel esté frío, cúbralo con una cobertura. Puede utilizar la que se adjunta en el paquete de mezcla base, añadiendo 2 cucharadas de ralladura de naranja, o bien una de las coberturas que aparecen en las páginas 58 a 63.

Pastel de ciruelas pasas y naranja (arriba) y
Pastel de nueces, coco y caramelo

Pastel marmolado

Tiempo de preparación:
20 minutos
Tiempo de cocción:
35 minutos
*Para un pastel en forma
de corona*

1 paquete de mezcla base para
   bizcocho
1 cucharada de cacao negro
   en polvo
2 cucharaditas de leche
colorante de color rojo
3 cucharaditas de ralladura
   fina de naranja

1. Precaliente el horno a una
temperatura moderada de
180°C. Unte un molde hondo
en forma de corona, de 20 cm
de diámetro, con mantequilla
fundida o aceite. Prepare
el pastel siguiendo las
instrucciones indicadas en
el paquete. Distribuya la masa
en tres cuencos.
2. En un cuenco, añada
el cacao en polvo y la leche.
Remuévalo cuidadosamente
hasta obtener una mezcla
homogénea. En otro, agregue
unas gotas de colorante de
color rojo y mézclelo bien.
En el cuenco restante,
incorpore la ralladura de
naranja y remuévalo bien para
mezclar los ingredientes.
3. Con la ayuda de una
cuchara, ponga aleatoriamente
las tres mezclas en el molde.
Entremezcle la masa con una
brocheta para crear un efecto
marmolado. Alise un poco

la superficie. Hornee el pastel
durante 35 minutos, o hasta
que al clavar una brocheta en
el centro, ésta salga limpia.
Déjelo reposar durante
10 minutos como mínimo.
Transcurrido este tiempo,
vuélquelo sobre una rejilla
metálica para que se enfríe.
Sírvalo espolvoreado con
azúcar glas, o bien con un
glaseado de su elección (vea
la página 61) y canela molida.

Pastel de chocolate
y almendras

Tiempo de preparación:
20 minutos
Tiempo de cocción:
25–30 minutos
Para un pastel rectangular

1 paquete de mezcla base para
   pastel de chocolate
⅓ taza de almendras molidas
¼ taza de almendras laminadas
½ taza de pepitas de chocolate
   (puede utilizar pepitas de
   chocolate blanco, negro o con
   leche, o bien una combinación
   de los tres tipos)

1. Precaliente el horno a una

temperatura moderada de
180°C. Unte un molde
rectangular de 18 x 28 cm con
mantequilla fundida o aceite.
Forre la base y las paredes con
papel parafinado. Prepare
el pastel según las instrucciones
indicadas en el paquete.
Agregue las almendras molidas.
2. Con la ayuda de una
cuchara, ponga la masa en
el molde y alise la superficie
con una espátula. Mezcle
las almendras laminadas y
las pepitas de chocolate y
espárzalas sobre la superficie
de la masa. Hornee el pastel de
25 a 30 minutos, o hasta que
al clavar una brocheta en
el centro, ésta salga limpia.
3. Deje reposar el pastel
durante 10 minutos.
Transcurrido este tiempo,
vuélquelo sobre una rejilla
metálica para que se enfríe.
Sírvalo cortado en cuadrados
o rectángulos. Si lo desea,
espolvoréelo con azúcar glas.

CONSEJO

Encontrará gran variedad
de preparados para
bizcocho en la mayoría de
supermercados. Si desea
obtener un sabor
completamente diferente,
adquiera un preparado de
plátano o arándano.

*Pastel de chocolate y almendras (arriba)
y Pastel marmolado*

Coberturas, salsas y glaseados

Los pasteles que aparecen en este libro son suficientemente deliciosos como para degustarse sin ningún tipo de cobertura o decoración adicional. No obstante, existen ocasiones que requieren un toque especial, por lo que hemos incluido una amplia variedad de coberturas, salsas y glaseados. Además, presentamos algunas fotografías de nuestras decoraciones preferidas que tal vez le aporten alguna idea a la hora de servir sus pasteles.

La decoración de un pastel puede resultar algo tan sencillo como espolvorearlo con azúcar glas o cacao en polvo. Pruebe a tamizar estos ingredientes sobre un papel de encaje, tiras de papel parafinado o una plantilla de cartulina con adornos. O, si lo desea, puede finalizar la preparación del pastel untándolo con una mezcla de mermelada fundida y coñac.

También puede cubrir el pastel con fruta fresca, como por ejemplo bayas o gajos de mango. La presentación resultará excelente si adorna sus pasteles con dulces, bombones, frutos secos, corteza de cítricos y frutas confitadas. Sólo debe recordar la vieja regla, no lo haga difícil. Pronto descubrirá que los pasteles más sencillos pueden resultar de lo más atractivos.

Un poco de salsa de chocolate o caramelo y una cucharada de nata espesa permiten que cualquier pastel pueda servirse desde la hora del té hasta la del postre. Aproveche la sobremesa de una reunión decadente para servir sus pasteles tibios, acompañados de natillas o nata espesa.

Jarabe de cítricos

1½ taza de azúcar extrafino
⅓ taza de zumo de limón, lima, naranja o mandarina, a su elección
⅓ taza de agua
3 tiras de corteza (utilice cualquier tipo de cítrico)

1. Mezcle todos los ingredientes en una cacerola. Remuévalos a fuego lento, sin dejar que hiervan, hasta que se disuelva el azúcar. Lleve la preparación a ebullición y baje el fuego. Cueza el jarabe de 12 a 15 minutos, o hasta que haya empezado a espesar.
2. Retire la corteza de la preparación y vierta el jarabe caliente sobre un pastel frío. Si lo desea, también puede dejar que se enfríe y verterlo sobre un pastel caliente.

Cobertura de fruta

Las coberturas de fruta permiten dar un toque final delicioso y brillante a un pastel. Caliente mermelada del sabor que desee (o bien jalea de frutas) en una cacerola con un poco de coñac. Si lo desea, cuele la preparación y, a continuación, pinte bien el pastel con la cobertura.

Cobertura de jalea de frutas

110 g de jalea de frutas
2 cucharaditas de coñac

Mezcle la jalea de frutas y el coñac en una cacerola pequeña. Remueva a fuego lento hasta que la jalea se haya disuelto. Retire la preparación del fuego y unte el pastel con la cobertura tibia.

Cobertura de mermelada

¼ taza de mermelada
3 cucharaditas de coñac

Mezcle los ingredientes en una cacerola pequeña. Remueva a fuego lento 3 minutos, o hasta que la mermelada se haya disuelto y la preparación hierva. Si lo desea, cuele la cobertura sobre un bol pequeño. Unte la superficie de un pastel tibio con la cobertura, también tibia.

Cobertura cremosa de chocolate

150 g de chocolate negro o con leche, en trozos
1 taza de crema agria

En una cacerola pequeña que contenga agua hirviendo, introduzca un bol resistente al calor con el chocolate cortado en trozos. Fúndalo hasta que esté fino. Déjelo enfriar a temperatura ambiente. Ponga la crema agria en un bol. Agregue el chocolate, ya frío, y bátalo hasta obtener una mezcla homogénea y cremosa. Extienda la cobertura sobre el pastel.

Salsa de caramelo

60 g de mantequilla
2 cucharadas de azúcar moreno
2 cucharadas de jarabe de caña
⅓ taza de leche condensada
⅔ taza de nata líquida

Mezcle todos los ingredientes en una cacerola. Remuévalos a fuego lento hasta que el azúcar se disuelva y la mantequilla se funda. Una vez haya obtenido una mezcla homogénea, ya puede retirarla del fuego. Sirva la salsa caliente o a temperatura ambiente y rocíe con ella las porciones de pastel.

De arriba a abajo y en sentido de las agujas del reloj: Salsa de chocolate, Salsa de caramelo, Jarabe de cítricos, Glaseado de jalea de frutas, Glaseado de mermelada, Cobertura cremosa de chocolate y dulces de chocolate y menta

Salsa de chocolate

100 g de chocolate negro, en trozos
⅓ taza de nata líquida

Mezcle el chocolate y la nata líquida en una cacerola pequeña. Remueva a fuego lento hasta que el chocolate se haya fundido y la mezcla esté homogénea. Retire la cacerola del fuego y deje enfriar un poco la preparación. Vierta la salsa sobre el pastel.

59

Método básico de la crema de mantequilla

Con una batidora eléctrica, bata la mantequilla y el azúcar glas hasta obtener una mezcla ligera y cremosa. Añada el resto de ingredientes, siga batiendo durante 2 minutos, hasta que la crema esté homogénea y haya aumentado de volumen.

Crema de mantequilla con chocolate

60 g de mantequilla
⅓ taza de azúcar glas tamizado
60 g de chocolate negro, fundido

Crema de mantequilla con cítricos

60 g de mantequilla
⅓ taza de azúcar glas, tamizado
2 ó 3 cucharaditas de ralladura fina de limón (o bien lima, naranja o mandarina, a su elección)

Crema de mantequilla con miel

60 g de mantequilla
⅓ taza de azúcar glas, tamizado
2 ó 3 cucharadas de miel

Crema de mantequilla con cacao

60 g de mantequilla
½ taza de azúcar glas, tamizado
2 cucharadas de cacao en polvo
2 cucharaditas de leche

Crema de mantequilla con vainilla

60 g de mantequilla
⅓ taza de azúcar glas, tamizado
2 cucharaditas de esencia de vainilla

De arriba a abajo y en sentido de las agujas del reloj: Crema de mantequilla con miel y almendras, Crema de mantequilla con cacao y discos de chocolate, Crema de mantequilla con vainilla y bayas frescas, Crema de mantequilla con cítricos y corteza de cítricos confitada

Método básico del glaseado

Ponga el azúcar glas, los ingredientes adicionales, la mantequilla y bastante líquido en un bol refractario. Mézclelo bien hasta obtener una pasta consistente. Introduzca el bol en una cacerola con agua hirviendo y remueva hasta que el glaseado quede homogéneo y brillante.

Glaseado de fruta de la pasión

1 taza de azúcar glas, tamizado
1 ó 2 cucharadas de pulpa de fruta de la pasión fresca
10 g de mantequilla

Glaseado de cítricos

1 taza de azúcar glas, tamizado
1 ó 2 cucharaditas de ralladura fina de limón (o bien naranja, lima o mandarina, a su elección)
10 g de mantequilla
1 ó 2 cucharadas de zumo de limón recién exprimido

Glaseado de jengibre y limón

⅓ taza de azúcar glas, tamizado
½ ó 1 cucharadita de jengibre molido
20 g de mantequilla
2 cucharaditas de leche
1 cucharadita de zumo de limón

Glaseado de chocolate

1 taza de azúcar glas, tamizado
1 cucharada de cacao en polvo
10 g de mantequilla
1 ó 2 cucharadas de leche caliente

Glaseado de café

1 taza de azúcar glas, tamizado
1 ó 2 cucharaditas de café soluble en polvo
10 g de mantequilla
1 ó 2 cucharadas de agua

De arriba a abajo y en sentido de las agujas del reloj: Glaseado de jengibre y limón con avellanas troceadas, Glaseado de café con granos de chocolate, Glaseado de fruta de la pasión, Glaseado de cítricos con nueces de Brasil doradas en mantequilla

Método básico de la cobertura de requesón

La cobertura de requesón es muy suave, espesa y cremosa. Para trabajar mejor el requesón, manténgalo siempre a temperatura ambiente. Con una batidora eléctrica, bata el requesón y el azúcar glas en un bol pequeño hasta obtener una mezcla ligera y cremosa. Incorpore el resto de ingredientes. Siga batiendo la preparación durante 2 minutos más, hasta que la crema quede fina y haya aumentado de volumen.

Cobertura de requesón con fruta de la pasión

100 g de requesón
¾ taza de azúcar glas, tamizado
1 ó 2 cucharadas de pulpa de fruta de la pasión

Cobertura de requesón con miel

100 g de requesón
¾ taza de azúcar glas, tamizado
1 ó 2 cucharaditas de miel, calentada
2 cucharaditas de leche

De arriba a abajo y en sentido de las agujas del reloj: Cobertura de requesón con cítricos y confites, Cobertura de requesón con miel y discos de chocolate blanco y mango, Cobertura de requesón con fruta de la pasión, Cobertura de requesón y rodajas de fruta confitada

Cobertura de requesón con cítricos

100 g de requesón
¾ taza de azúcar glas, tamizado
1 ó 2 cucharaditas de ralladura fina de limón (o de naranja, lima o mandarina, a su elección)
2 cucharaditas de leche

Cobertura de chocolate

60 g de mantequilla
100 g de chocolate negro,
 en trozos
1 cucharada de nata líquida

Mezcle la mantequilla,
el chocolate y la nata líquida
en un bol pequeño resistente
al calor. Sumérjalo en una
cacerola que contenga agua
hirviendo y remueva hasta que
se haya fundido la mantequilla
y la mezcla esté homogénea.
Déjelo enfriar un poco hasta
que esté untuosa. Con un
cuchillo de hoja ancha,
extienda la cobertura sobre
el pastel.

Cobertura de jengibre

60 g de mantequilla
1 cucharada de jarabe de caña
1 cucharada de jengibre
 escarchado, finamente picado
⅓ taza de azúcar moreno
2 cucharadas de leche
1½ tazas de azúcar glas,
 tamizado

Mezcle la mantequilla, el jarabe
de caña, el jengibre confitado y
el azúcar en una cacerola.
Remueva a fuego lento hasta
que se hayan disuelto los
ingredientes y la mezcla
quede homogénea. Agregue
1 cucharada de leche y
suficiente azúcar glas y bátalo
con una cuchara de madera
hasta que la cobertura quede
espesa pero untuosa. Para
obtener la consistencia deseada,
añada más leche.

*De arriba a abajo y en sentido de
las agujas del reloj: Cobertura de
chocolate y rizos de chocolate
negro, Cobertura de jengibre y
rodajas de jengibre escarchado,
Cobertura de chocolate y crema
agria con grageas plateadas*

Cobertura de chocolate y crema agria

200 g de chocolate con leche,
 cortado en trozos
⅓ taza de crema agria

Mezcle el chocolate y la crema
en una cacerola pequeña.
Bátalo a fuego lento hasta que
el chocolate se haya fundido y
la mezcla esté homogénea.
Retírela del fuego y deje que
se enfríe un poco. Extienda la
cobertura sobre el pastel.

Índice